MARTIN DEGENER
streifte weißer flügel

Gedichte
herausgegeben von Chris Wehrmann

Bibliografische Information der Deutschen Nationalbibliothek
Die Deutsche Nationalbibliothek verzeichnet diese Publikation in
der Deutschen Nationalbibliografie; detaillierte bibliografische
Daten sind im Internet unter http://dnb.d-nb.de abrufbar.

IMPRESSUM

ISBN-13: 9783739227276
© 2008 Martin Degener, Kaarst; Chris Wehrmann, Kaarst (Hg.)
Alle Rechte vorbehalten. Jede Art der Vervielfältigung des Buches,
auch die des auszugweisen Nachdrucks, der fotomechanischen
Wiedergabe (einschließlich Mikrokopie) sowie der Auswertung
durch Datenbanken oder ähnliche Einrichtungen bedarf der vorherigen schriftlichen Zustimmung des Autors.

Herstellung und Verlag:
BoD - Books on Demand, Norderstedt
Layout und Satz:
greycells, Kaarst
Verwendete Photos/Collagen: Chris Wehrmann;
Foto Martin Degener von Simone Holzberg

Der vorliegende Gedichtband erhebt bei aller Sorgfalt selbstverständlich keinen Anspruch auf Vollständigkeit. Aus einem umfangreichen Portfolio zusammengestellt, zeigt er vielmehr einen beispielhaften Überblick über das lyrische Werk Martin Degeners.

Die (ebenfalls selbstverständlich) subjektive Auswahl der Gedichte bitte ich mir nachzusehen.

Chris Wehrmann
Kaarst, im Juli 2008

MARTIN DEGENER

streifte weißer flügel

GEDICHTE
herausgegeben von Chris Wehrmann

liebesgedichte

aus-flug

streifte
weißer flügel
mir entlang –
kam ein lied mir
in den sinn –
dachte mir ich bin,
bin bei dir
und brachte
leise dir und sachte
flügelspitzenschlag
bis an dein kinn

blies
der wind
wogengischt in mein
gesicht –
kam ein bild mir
in den sinn –
träumte mir ich bin,
bin bei dir
und schäumte
deinen körper ein
voll farben
und vergaß auch nicht
die narben
ganz zuletzt schloß
dein gesicht
ich im
farbentaumel
leben
tief und zärtlich
ein.

von den
zwei sehnsüchten
(für eine hochzeit)

preisgegeben
diesem leben
du und ich
allein
geboren und zu sterben
doch das land
dazwischen
würd' ich gern
an deiner hand
durchschreiten
du und ich
vermischen
brot mit wein

preisgegeben
dieses leben
dieses wandern
dieses ständig unterwegs –
bei einem andern
könnte man vielleicht
zu hause sein.
das wär' dann
wie unter einem baum
in einem garten
kenn ich schon von früher
wo sich leben läßt,
wär ein grund
ein fest
zu feiern
zu bewegen noch die erde
stück um stück

mein gott,
laß uns nicht zu lange warten
gib den segen
für das glück.

ich will
wach sein

als Du dich an mich gehaucht hast
'happy birthday'
deine stimme preßt sich an mein ohr
'happy birthday'
die alte platte
– john f. kennedy und marilyn monroe
  'happy birthday, mr. president' –
sie ist dir in den sinn gekommen
'happy birthday'
hat sie gehaucht und alle fanden es erotisch
so prickelnd.
nur wer hat verstanden
wieviel seele sich sehnend ausgegossen
in so ein
'happy birthday'
ein schöner film und auch wirklich
unbekleidet
nur wer hat gesehen
wieweit entblößt in 24 bildern pro sekunde?

wünschen ist schutzlos
aber es stirbt nicht
'happy birthday'
wünschst du mir
und erinnerst mich
an das geboren werden und die monroe und das leben
wo wir sind und sind und sind
am tiesten punkt – mr. president
wo sich unsere seele
mit unserer lust verbindet
zu einem
geburtstag
'happy birthday'
glückliche tage
an denen wir uns das leben wünschen
bevor es sich auflöst
in einem glas tabletten.

wasser-fall

erst
hast Du auf die frage
was gibt es neues bei dir
gesagt
ach, nichts.
und dann hast Du etwas erzählt
und mehr geredet
mehr und meer
die worte flossen über aus Dir
belangloses plätscherte
um die schiffe mit dem vollen rumpf
alle segel gesetzt
ich bin mitgefahren
kiss me in the rain

und als Du gegangen warst
waren die straßen noch naß
und die Luft gesättigt
von frischem wasser
und ich dachte
vielleicht wissen wir noch nicht alles
über die geschichte
von der sintflut
vielleicht wollte gott
nur mal baden geh'n
mit uns allen
in strömen klaren wassers
und hinterher
die tropfen spüren
auf seiner alten haut
– kiss me in the rain.

jedesmal
wenn ich deine dünnen knöchel sehe
denke ich
wie dünn das eis
auf dem wir tanzen
du im vorlauf
elegant die kreise aufgelöst
schleift da ein stein hinter
bin wohl ich
zusammengefallen
schwer geworden
in den schoß gesunken
– regression
  sagt die psychologie
denn der stein kennt keinen namen
wie ein ungetauftes kind
wer bin ich das eis und trägt es mich?
wer benennt mich,
daß ich die buchstaben nicht verliere
ein "m"   ein "r"   ein "i"
      ein "a"   ein "t"   ein "n"
sie liegen auf dem eis

nicht zu fest gefroren

ach, heb sie auf
ein tau herab
ein fließ
ein warm ein rot ein tanz
ein schoß
ein tau herab
ein fließ ein bleib
wenn Du es sagst
auf dünnem eis
und mir verrätst
wie ich mit namen
heiß.

Kinderfrage

>hast Du mich lieb
>wie weit kann es uns tragen
>was darf ich Dich fragen
>welche worte wagen
>sätze sagen
>mehr
>als wir jetzt sind.

vermißt

wo dich zu suchen
zwischen den lippen
gestrandet
am fuße der klippen
geborgen den blicken
versandet
indichten
Du.

3 x geküßt

        wach wecken
        wunder wirken
        wirklich
        wähnen
        trotz der tränen
        wirken
        wunder wähnen
        wirklich
        tränen weinen
        meinen
        keinen traum
        wirklich
        wach.

gott und die welt

*ökumenischer
kurzgottesdienst*

10 minuten für gott
sagt das plakat
nein
denk ich
10 minuten von gott
10 minuten von der zeit aller zeiten
10 minuten von der unverlorenheit alles verlorenen
– gib mir doch etwas mehr
10 minuten sind zuwenig,
um dir alles zu erzählen
von meiner zeit ohne dich, ohne alle zeiten
10 minuten sind eins
zwischen
den stunden, die mich zerteilen.

geburt

noch soll der erde nicht
das lied verklingen
wir werden wieder singen
von brot und auch von rosen
ent-springen
den prognosen

wie einst:
aus einer wurzel
zart.

Spielgruppe Mittwoch
16.45 Uhr

klebrige hände
hinterlassen die spur
von bildern

alles ist noch im fließen
so sehen es die kinder:
'ich' und 'du'
kleben noch aneinander
      noch nicht
so scharf getrennt
die welt
von sich
erzählen lassen
zulassen
diesen brei, der das bedürfnis sättigt

wegwischen wieder
wollen nur die erwachsenen
'was für eine schmiererei' sagen sie
'welch ein matsch'
'wie damals' sag ich
als gott
aus matsch
den menschen
schuf.

kindergeschichten I

die meisten eltern
die ihre kinder schlagen und zu uns kommen
erzählt der therapeut im fernsehen
sind einfach hilflos
sie schlagen, weil sie sich sonst keinen rat wissen

daß auch wer schlägt
der hilfe bedarf
wußte ich schon von pilatus:
"was schlägst du mich?"
und daß gewalt die kleinere
lösung ist
war mir schon immer klar
neu
sehe ich
den zusammenhang
wie in einer gesellschaft
die das prozeßhafte einer entwicklung
nicht mehr kennt
und FERTIGgerichte mehr liebt als das kochen
das FERTIGmachen
von menschen durch schläge
eine gewisse logik besitzt.

achtung – fertig – los

polarexpedition

auf der rückfahrt von der küste ins land
beginne ich wieder zu frieren
erstarrt im kuß der schneekönigin
mit scherben aus eis
läßt sich das wort
ewigkeit
nicht buchstabieren
das hat schon kai versucht
auch mir erfrieren die finger
auch dir ersterben die projekte unter den händen
zu viele sind schon totgeboren

ach, deshalb
liebe ich das weinen und das beten
weil es das eis bricht

freie fahrt für unsere schiffe.

der gesang der wale

auf dem weg nach hause irgendwann
vielleicht weil die nacht
ihre klarheit und sterne zwischen blauschwarz
solche dinge zu hören liebt
begann oliver
von den walen zu erzählen

denn ganz von weitem
sieht dieser planet ja blau aus
und gehört den walen
ungetüme im meer der zeit
kleine fische
in der statistik der umweltdelikte
führt ein anderes raubtier

der prophet jona flüchtete vor diesem tier
in den bauch eines walfisches
am dritten tage wiederausgespien
man kann nicht bleiben
im bauchdeckendunkel
im mutterschoßwarm
es gibt keine alternative
zum menschen
gott wußte das
geh jona
unter die raubtiere
und lehre sie
neu zu sehen
ihre erde von weitem
ist der planet der wale
blau
und menschlich
bewohnbar.

*frau
in der ferne*

im oktober
sehen sie sich wieder
singen noch die alten lieder
tun so dinge, die ganz anachronistisch sind:
sich erinnern
mit den fingern

perlen zählen rosen

sagen sie.

klimatherapie an der nordsee

beschreiben wir's genau
dann ist es zunächst
   nicht mehr als ein blau
umgetaucht von weitem
   brausen in den ohren
   kein lärm von motoren
   salz in aller münder
   erwachsene und kinder
burgen bau'n
gesichter schau'n
laß vom wind dich leiten
der
   streift hierlang und streift dortlang
   und sagt beizeiten:

luft muß in die lungen
das wort muß von den zungen
die antwort wird gefunden
was krank ist, kann gesunden
also
   wind weht hier von vorn
   glück wird neu gebor'n
   haut will sich jetzt bräunen
   luft von sonne träumen
   meer in wellen bäumen
die
   haben wohl im sterben schon routine
   brechen würdevoll auf ganzer linie
uns das ufer – noch nicht sterben
      strand vererben
denen auch, die nach uns sind
schau mein kind auch dir
wasser noch ganz klar
wie es einmal war
wissen wir doch noch
als das
   leben
aus dem meere kroch.

der bundespostminister informiert

ein telegramm ist treue
ist zärtlichkeit versöhnung freude licht
der postminister gibt auf's neue
den segen uns
verweigert nicht
das sakrament der kommunikation
per kabel frei von haus zu haus
erreicht uns jetzt die frohe botschaft

wann telegrafieren sie uns
die endgültige erlösung
und auferstehung von den toten
amen – stop

die grundgebühr beträgt DM 5.

noch nicht

ich komme nicht vor
in Euren schaufenstern
und Eure reden sind leer von mir
Eure erklärungen
versichern mich des nichts
Ihr habt Euch versprochen

ich tauche nicht auf
in irgendeiner arbeit
in irgendeinem beruf
in keiner beziehung gibt es mich
und keine liebe
hat einen abdruck genommen
von meinem gesicht

"wen suchet ihr?"
das grab ist leer
worte
verklären.

do not lean out

    ich öffne
    das fenster des d-zugabteils
    und treffe den wind
    und denke an den,
    der den wind entfacht hat
    der das land gemacht hat
    der das leben uns gedacht hat
    der das erbe uns vermacht hat
    der uns sagen wolte:
    es ist alles schön:
    – vorwärts südwärts
    zieh'n
    einen eimer frischen wassers
    nichts verschütten
    und auch nicht
    die signale übersehn.

sei besiegelt

es schützt mein Gesicht nicht vor falten,
macht nur empfänglicher für die sorgen
spuren des lebens.

ich werde nicht geschmeidiger
dem unglück entgleiten,
nur länger sich verlieren in mancher umarmung.

es ist kein neuer duft,
die kopfnote entführt in alte zeiten
mit verbindlicher preisempfehlung.

"sei besiegelt"
gegen:
faltenlose falten
geruchsneutrale düfte
sturzfreie glätte
weglose wege –
porentief.

wort geworden

»Das Bad ist frei.«
»Das Essen steht auf dem Tisch.«
»Das Bett ist frisch bezogen.«

verheißungen zu klein für die propheten,
groß genug für meine vision vom tag.

»Du siehst gut aus!«
»Das tut nicht weh!«
»Ich bleib' heute nacht bei Dir!«

zusagen zu banal für ein großes protokoll,
gewichtig genug für mein tagesevangelium.

»Wie geht es Dir?«
»Wo bist Du gewesen?«
»Was machst Du nach Dienstschluss?«

fragen zu bedeutungslos für den lauf der welt,
entscheidend genug für mein tägliches hoffen.

so buchstabiere ich von rückwärts, vom anderen ende
nähern wir uns dem geheimnis
wie das fleisch wieder zum wort wird.

out of africa

    ich hatte eine farm am fuße der ngong-berge
    I had a dream
    Martin Luther King
    Karen Christentze Dinesen
    daß eine Heimat
    alle menschen
    black and white
    miteinander
    to communicate
    im deutschen fernsehen
    präsentiert der rüstungskonzern
    daimler-benz
    – sehr engagiert in südafrika –
    seine
    autovision:
    einspritzer und vergaser
    kommunizieren miteinander
    verrät
    ein technischer direktor.

in erwartung der regenzeit

sprich wie der regen
msabu   *
mach ein gedicht
jenseits der läden, msabu
findest du worte
gefangen gefischt
aus den netzen der agenturen

sprich wie der regen
msabu
mach ein gedicht
jenseits der worte
finden sich
neue folien
tiefgefrorn frisch
alle beziehungen hat uns
die schneekönigin geküßt
mach ein gedicht
msabu
sprich wie der regen

bleib bei uns
vergiß uns nicht
ein telegramm ist treue
gib uns auf's neue
den segen – size XXL –
verweigre ihn nicht
und siehe
jenseits der läden
msabu
könnte es experimente geben
probieren entdecken eben das
test the west, discover gold
formen das leben
wie einst
aus erde und regen
msabu
mach ein gedicht.

* In ihrem 1937 erschienenen Buch 'Out of Africa' – Grundlage des gleichnamigen Films – schildert die Dänin Karen Christentze Dinesen die 17 Jahre, die sie als Besitzerin einer Farm in Afrika verbrachte: eine einzige große Flucht in die Weite, weg von dem gutbürgerlichen MIttelmaß ihrer Heimat. Sie erwähnt die Sympathie und Sensibilität der Eingeborenen für Rhythmus und besonders auch für Reime, gleichwohl deren Kultur diese Sprechweise nicht kennt. Wenn die Eingeborenen Reime und Rhythmus wollten, gingen sie zur weißen Frau und forderten sie auf: "Sprich wie der Regen, msabu" ...

»aufscheinen«

in wessen schuhen
hierhergekommen,
von welcher nachricht
unvergessen?

von flutenden bildern
zersehen
getröpfel auf gestein

oder
den schwangeren duft
von prächtigen welten
schwebend in großen häusern
gefahren geräuschlos
durch
hinauf und hinunter
gedämpfte etagen entlang
wo kein schrei
die regale erreichte
noch jemals verläßt?

in wessen schuhen
hierhergekommen,
von welcher nachricht
unvergessen?

oder
vom wohnen
in glücklichen armen
von weit her
und händen, die greifen
nach dir?
und daß sie dich brauchen
hörst du sie sagen
tatsächlich
doch weißt du
in welchen schuhen?

von welcher nachricht
gekommen woher?

wir sind ein schiff
mit hungrigen augen
die wellen werfen
das leben an deck:
das soll die beute sein?
was hältst du fest
mit zerrissenen netzen
wo niemand
uns kennt nicht einander
und schlingernde worte
am bug
die gischt –
weiß
voraus

von welcher nachricht?
von welcher nachricht
unvergessen?
in wessen schuhen
hierhergekommen
wo niemand
uns kennt nicht einander
und schlingernde worte
am bug
die gischt –

und sag mir
siehst du
einen einzigen
siehst du einen einzigen
einzigen
siehst du
einen einzigen
stern?

(entnommen aus dem Zyklus "Der vierte König")

»austeilen«

"glück mehr als ich umarmen kann
angst mehr als ich atmen kann
das glück macht mich wachsen
da kann ich nicht nur bei mir bleiben"

ich bin ein könig
ich bin eine königin
seit ich den stern aufhob
— pack das geschenk aus
   mach es auf! mach es auf!
und alle schwebenden welten
bis hinter die stummen regale
wird allen zuteil
heut ist eine große freude
wird allen ein teil davon
ein teil
bleibt
von mir
bleibt zurück

ganz hell

wer weiß schon,
wo welche hand fehlt
und welches wort sie brauchten
als ich da war,
    fehlte ich woanders
    und als ich für sie wachte,
blieb anderes liegen
die vorgaben
wurden nicht erreicht

nicht von dieser welt.

(entnommen aus dem Zyklus "Der vierte König")

*der untergang
der sonne*

in diesem land, in dem
fünf fernsehprogramme
uns trennen
und 1000 meldungen
unsere aufmerksamkeit
zerstreuen täglich
teilen wir immer noch
einen sonnenuntergang
wie heute
wird allen dieses
kostet nichts
vor augen
zeugen sein
zuteil
im rot im gold
im rotgoldrot
läßt sich noch wohnen
abendlang
es scheint
zurück noch einmal
ehe
die abendprogramme
erflimmern.

Martin Degener, geb. 1958 in Gelsenkirchen-Buer,
studierte katholische Theologie an der Ruhruniversität Bochum.

Er arbeitet als freiberuflicher Journalist und Texter für nationale
und internationale Kunden. Seine Prosa- und Lyrikbeiträge
sowie seine journalistischen Arbeiten erschienen in verschiedenen
überregionalen Zeitschriften.

Martin Degener lebt in Kaarst bei Düsseldorf.

Dies ist die erste veröffentlichte Sammlung seiner Gedichte.